쉽게 배우고 체계적으로 익히는

쉽게 배우고 체계적으로 익히는
한글 손글씨 쓰기

초판 발행 2013년 9월 15일
3쇄 발행 2017년 9월 15일

지은이 시사정보연구원
발행인 권윤삼
발행처 도서출판 산수야

등록번호 제1-1515호
주소 서울시 마포구 망원동 472-19호
우편번호 121-826
전화 02-332-9655
팩스 02-335-0674

ISBN 978-89-8097-274-6 13710

값은 뒤표지에 있습니다. 잘못된 책은 바꾸어 드립니다.

이 책의 모든 법적 권리는 도서출판 산수야에 있습니다.
저작권법에 의해 보호받는 저작물이므로
본사의 허락 없이 무단 전재, 복제, 전자출판 등을 금합니다.

이 도서의 국립중앙도서관 출판시도서목록(CIP)은
서지정보유통지원시스템 홈페이지(http://seoji.nl.go.kr)와
국가자료공동목록시스템(http://www.nl.go.kr/kolisnet)에서 이용하실 수 있습니다.
(CIP제어번호: CIP2013015269)

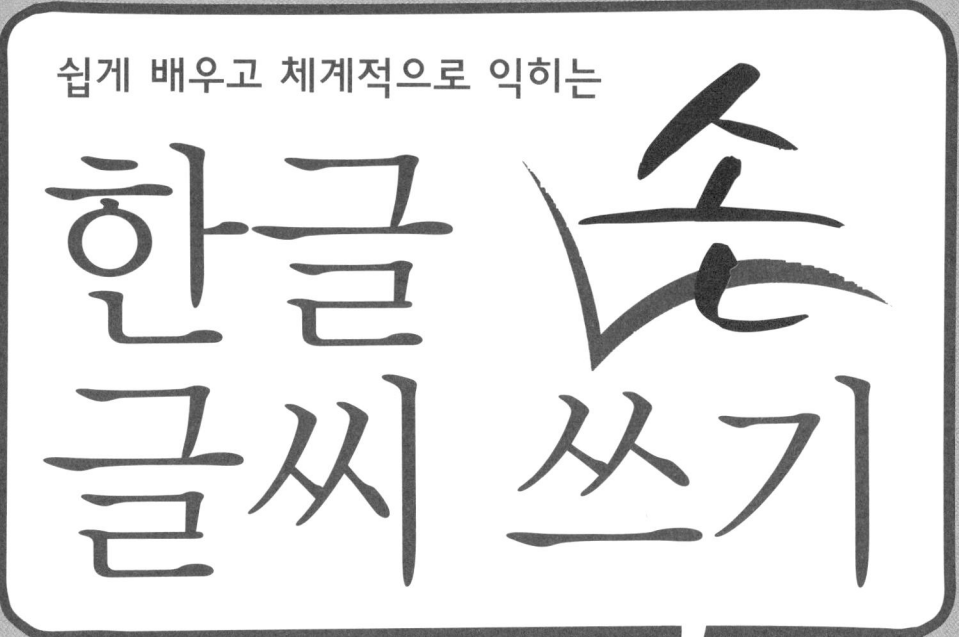

쉽게 배우고 체계적으로 익히는

한글 손글씨 쓰기

한글을 쉽게 배우고 재미있게 익히는 손글씨 따라 쓰기

시사정보연구원 지음

- 빠르게 익히는 예쁜 한글 쓰기
- 올바른 글자 모양으로 제대로 익히는 한글 연습
- 글 쓰는 힘과 폭 넓은 사고를 동시에 기르는 문장 연습
- 흥미를 높이는 단어와 문장으로 구성된 편집
- 바른 생각과 좋은 인성을 갖게 하는 글씨 연습
- 악필을 명필로 바꾸는 다양하고 체계적인 구성 요소
- 다양한 글자체 연습을 통하여 자신만의 글씨 완성
- 원고지 사용법과 올바른 문장 부호 익히기

시사패스
SISAPASS.COM

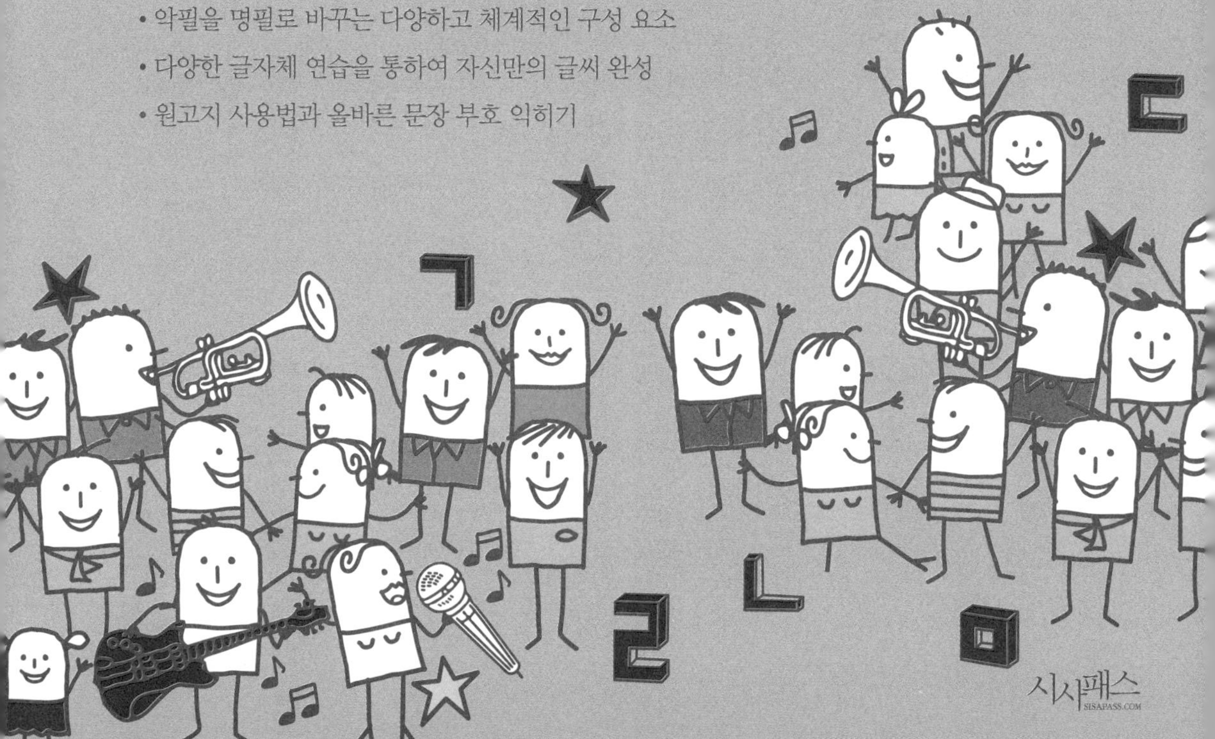

머리말

인재를 평가하는 다양한 방법들이 존재하지만 예로부터 변하지 않는 것은 중 하나가 바로 글씨다. 실력이 뛰어난 건 점수로 환산하여 제출할 수 있지만 인품이나 인성을 대변하는 건 많지 않다. 말씨, 글씨, 행동 등이 이를 대변하고 있다. 이 중에서 글씨는 자신의 지적 수준과 함께 문장력을 나타내는 것이다. 지식과 지혜로 쌓인 내공의 힘인 것이다. 따라서 지금도 글씨는 변별력을 가늠하는 중요한 요소로 자리매김하고 있다.

'자기소개서를 직접 손으로 작성하여 제출하시오', '지원동기를 친필로 작성하여 제출하시오', '이 책을 읽고 느낀 점을 제출지에 간단하게 작성하여 반납하시오', 이런 상황에 접하게 되면 인터넷 문서에 익숙해져버린 우리는 순간 당황하게 된다.

요즘은 학교에서도 필기를 하지 않는 경우가 다반사이고, 교과서도 종이책에서 전자책(e-book)으로 바뀌어 가는 추세라 연필로 공책에 필기하던 것도 보기 어려운 광경이 되어간다. 하지만 요즘은 정해준 글을 읽고 독후감을 제출하고 발표하는 취업현장이 생겨나는 추세라니 모든 일을 마냥 컴퓨터에 의존할 수만은 없는 상황이 되었다.

컴퓨터 문서에 익숙한 우리는 논술을 준비했던 대입을 정점으로 손에서 연필이 떠나고, 마음을 글로 나타내는 것조차 아득한 옛일이 되고 있다. 이에 시사정보연구원에서는 좋은 글, 순우리말을 이용하여 예쁜 손글씨를 위한 한글 쓰기를 기획하여 내놓게 되었다.

무엇보다 글씨를 예쁘게 쓰려면 마음과 함께 몸가짐을 바르게 해야 목표에 빨리 도달할 수 있다. 아무리 바빠도 바늘귀에 실을 꿰어야 하듯 편안하고 느긋한 자세를 갖고 써야 바르고 예쁜 글씨를 쓸 수 있다. 앉은 자세로 글씨를 쓸 때는 양 엄지발가락과 발바닥의 윗부분을 얕게 포개어 앉고, 배가 책상에 닿지 않도록 하는 게 좋다. 상체는 앞으로 약간 숙여

눈이 지면에서 30센티미터 정도 떨어지게 하고 왼손으로는 공책이나 종이를 가볍게 누르는 게 좋다. 의자에 앉아 쓸 경우에도 앉을 때는 두 다리를 어깨넓이만큼 벌린 상태로 자연스럽게 앉아 편안한 자세를 취하는 게 좋다. 연필이나 필기도구는 집게손가락과 가운데손가락, 엄지손가락 끝으로 가볍게 쥐고 양손가락의 손톱부리 부근으로 필기도구를 안에서부터 받쳐서 잡고 새끼손가락을 바닥에 받쳐준다. 또한 지면에 손목을 굳게 붙이면 손가락 끝만으로 쓰게 되므로 손가락 끝이나 손목에 의지하지 말고 팔로 쓰는 듯한 느낌으로 쓰는 게 좋다.

  예쁜 글씨를 쓰려면 같은 글자를 천천히, 정성껏, 또박또박, 꾸준하게 쓰는 반복연습이 무엇보다 중요하다. 글씨 쓰기 연습은 글자의 폭과 높이를 맞추고 수평으로 일정한 힘으로 쓰는 연습을 해야 한다. 또한 획과 획의 이음새나 끝을 지저분하게 끌면서 쓰는 것을 없애면 좋은 효과를 볼 수 있다.

  한글 쓰기를 처음 시작할 때는 무엇보다 글자를 크게 써서 자신의 잘못된 글씨를 바로 고친 다음 조금씩 보통 글자 크기로 작게 쓰면서 연습해야 글씨 교정이 쉽다. 이 책은 단기간에 한글을 예쁘게 쓰고, 만족할 만한 수준으로 필체를 완성하는 데 적합하도록 구성되어 있다. 자음과 모음을 익히는 기본적인 단계로 시작하여 단어와 문장을 익히는 순서로 진행된다. 이 과정에서 글자를 쓰는데 지루함을 느끼지 않도록 사이사이에 재미있는 읽을거리와 예쁜 서체별 따라 쓰기를 추가하여 일상생활에 바로 적용할 수 있도록 구성하였다. 이 책의 다양한 구성요소들을 활용해 자신만의 서체를 개발하는 놀라운 기쁨을 누릴 수 있기를 바란다.

눈을 조심하여 남의 그릇된 것을 보지 말고

입을 조심하여 나쁜 친구를 따르지 마라.

유익하지 않은 말은 함부로 하지 말고

자기와 관계없는 말은 함부로 하지 마라.

지혜 있는 이와 어리석은 이를 분별하되

무식한 사람을 용서하라.

사물이 순리대로 온 것은 거절하지 말고

사물이 이미 가버렸거든 쫓지 말며

자신이 때를 만나지 못했으면 바라지 말고

일이 이미 지나갔으면 생각하지 마라.

총명한 사람도 어두운 때가 많고

계산 빠른 사람도 편리함을 잃는 수가 있다.

차례

머리말	4
1. 자음자를 차례에 맞게 써 봅시다	8
2. 모음자를 차례에 맞게 써 봅시다	18
3. 자음자와 모음자를 합하여 써 봅시다	28
4. 글자의 모양을 바르게 써 봅시다	30
5. 받침 없는 글자를 올바르게 써 봅시다	36
6. 글씨를 올바르게 써 봅시다	38
7. 글자의 모양을 바르게 써 봅시다	40
8. 글씨를 올바르게 써 봅시다	44
9. 글자의 모양을 바르게 써 봅시다	46
10. 글씨를 올바르게 써 봅시다	48
11. 자음자와 모음자를 합하여 받침 글자를 써 봅시다	50
12. 글자의 모양을 바르게 써 봅시다	52
13. 받침 있는 글자를 올바르게 써 봅시다	64
14. 문장 부호를 바르게 써 봅시다	66
15. 문장이 끝나는 곳에 알맞은 부호를 넣고 써 봅시다	67
16. 문장 부호의 위치와 크기를 바르게 써 봅시다	70
17. 원고지 쓰는 법을 익혀봅시다	72
18. 다양한 디자인체로 예쁜 글씨를 써 봅시다	76

- 윤명조, 피노키오, 윤고딕, 햇살, 갯마을,
  바겐세일, 소녀, 풍경, 운현궁

1 자음자를 차례에 맞게 써 봅시다

국어

나라

ㄷ	ㄷ	ㄷ	ㄷ	ㄷ
ㄷ	ㄷ	ㄷ	ㄷ	ㄷ

도덕

ㄹ	ㄹ	ㄹ	ㄹ	ㄹ
ㄹ	ㄹ	ㄹ	ㄹ	ㄹ

리본

ㅁ ㅁ ㅁ ㅁ ㅁ
ㅁ ㅁ ㅁ ㅁ ㅁ

모 자

ㅂ ㅂ ㅂ ㅂ ㅂ
ㅂ ㅂ ㅂ ㅂ ㅂ

바 지

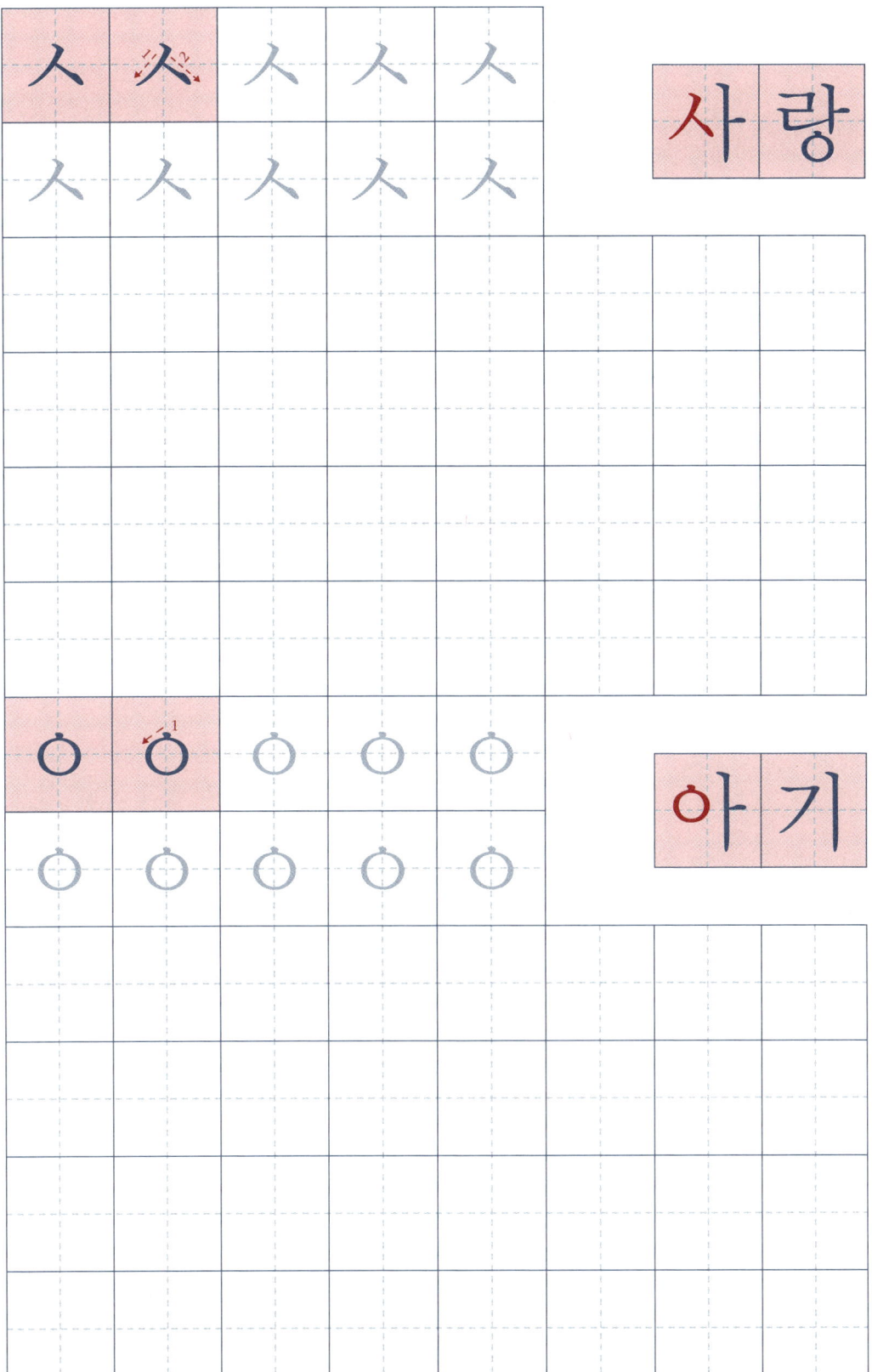

ㅈ	ㅈ	ㅈ	ㅈ	ㅈ
ㅈ	ㅈ	ㅈ	ㅈ	ㅈ

종이

ㅊ	ㅊ	ㅊ	ㅊ	ㅊ
ㅊ	ㅊ	ㅊ	ㅊ	ㅊ

치마

ㅋ ㅋ ㅋ ㅋ ㅋ

ㅋ ㅋ ㅋ ㅋ ㅋ

커피

ㅌ ㅌ ㅌ ㅌ ㅌ

ㅌ ㅌ ㅌ ㅌ ㅌ

타조

| 파 | 도 |

| 행 | 복 |

까	까	까	까
까	까	까	까

까	마	귀

뜨	뜨	뜨	뜨
뜨	뜨	뜨	뜨

딸	국	질

뻐	뻐	뻐	뻐
뻐	뻐	뻐	뻐

뻐	꾸	기

쓰	쓰	쓰	쓰
쓰	쓰	쓰	쓰

쓰	나	미

짜 짜 짜 짜 | 짝 | 사 | 랑 |

짜 짜 짜 짜

조선시대 4대 명필 이야기

조선시대에는 명필들이 많았다. 선비들은 글씨를 쓰면서 자기 수양을 했고 그렇기 때문에 잘 쓴 좋은 글씨는 선비의 명예였다. 글씨를 잘 쓴 명필들 가운데서도 자기만의 독창성, 후세에 끼친 글씨체의 영향들을 고려해서 조선 전후기 통합 4대 명필을 꼽는다면, 인수체라는 독특한 자기만의 필치를 남긴 자암 김구, 왕희지체와 조맹부체의 장점만 가득한 예술 글씨 석봉 한호, 양명학자이며 원교체라는 독특한 글씨체를 만든 원교 이광사, 금석학자이며 추사체를 만든 추사 김정희를 들 수 있다. 이외에도 안평대군, 윤순, 양사언, 선조, 영조, 정조가 뛰어난 필치로 알려져 있고, 흥선대원군도 추사 김정희에게서 글씨와 그림을 배워 수준급의 실력이었다고 전한다.

2 모음자를 차례에 맞게 써 봅시다

ㅏ ㅏ ㅏ ㅏ ㅏ
ㅏ ㅏ ㅏ ㅏ ㅏ

가방

ㅑ ㅑ ㅑ ㅑ ㅑ
ㅑ ㅑ ㅑ ㅑ ㅑ

야구

ㅓ	ㅕ	ㅓ	ㅓ	ㅓ
ㅓ	ㅓ	ㅓ	ㅓ	ㅓ

머리

ㅕ	ㅕ	ㅕ	ㅕ	ㅕ
ㅕ	ㅕ	ㅕ	ㅕ	ㅕ

여우

ㅗ	ㅗ	ㅗ	ㅗ	ㅗ
ㅗ	ㅗ	ㅗ	ㅗ	ㅗ

노	래

ㅛ	ㅛ	ㅛ	ㅛ	ㅛ
ㅛ	ㅛ	ㅛ	ㅛ	ㅛ

교	실

ㅜ ㅜ ㅜ ㅜ ㅜ
ㅜ ㅜ ㅜ ㅜ ㅜ

우리

ㅠ ㅠ ㅠ ㅠ ㅠ
ㅠ ㅠ ㅠ ㅠ ㅠ

휴지

그네

기차

ㅐ	ㅐ	ㅐ	ㅐ
ㅐ	ㅐ	ㅐ	ㅐ

애국가

ㅒ	ㅒ	ㅒ	ㅒ
ㅒ	ㅒ	ㅒ	ㅒ

얘들아

ㅔ	ㅔ	ㅔ	ㅔ
ㅔ	ㅔ	ㅔ	ㅔ

에너지

ㅖ	ㅖ	ㅖ
ㅖ	ㅖ	ㅖ

계 수 나 무

과	과	과	과
과	과	과	과

와 장 창

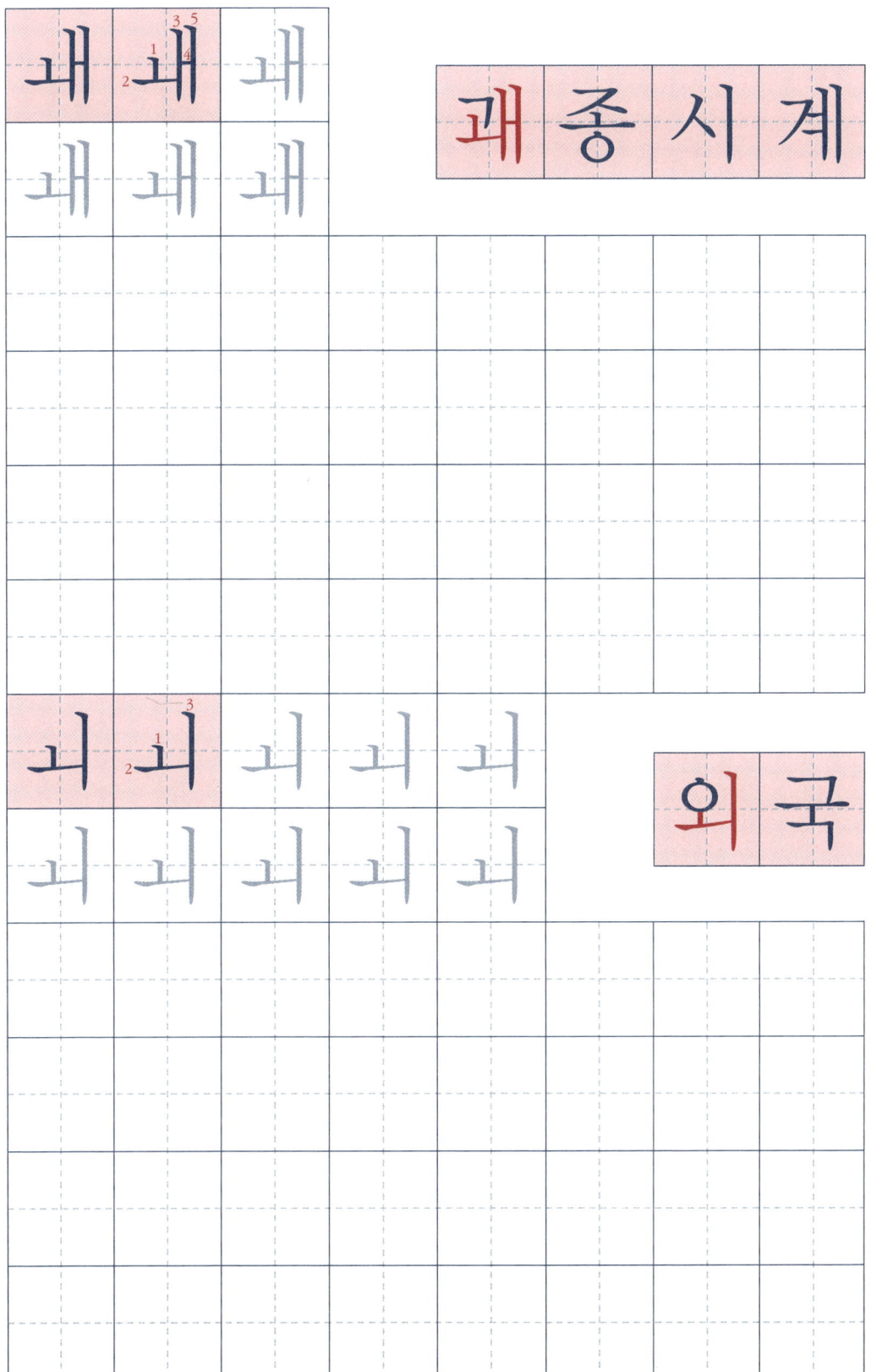

궈	궈	궈	궈	궈
궈	궈	궈	궈	궈

권	투

궤	궤	궤	궤	궤
궤	궤	궤	궤	궤

궤	도

귀 귀 귀 귀 귀
귀 귀 귀 귀 귀

귀 족

ㅟ ㅟ ㅟ ㅟ ㅟ
ㅟ ㅟ ㅟ ㅟ ㅟ

희 망

3 자음자와 모음자를 합하여 써 봅시다

	ㅏ	ㅓ	ㅗ	ㅜ	ㅡ	ㅣ	ㅔ
ㄱ	가	거	고	구	그	기	게
ㄴ	나	너	노	누	느	니	네
ㄷ	다	더	도	두	드	디	데
ㄹ	라	러	로	루	르	리	레
ㅁ	마	머	모	무	므	미	메
ㅂ	바	버	보	부	브	비	베
ㅅ	사	서	소	수	스	시	세
ㅇ	아	어	오	우	으	이	에
ㅈ	자	저	조	주	즈	지	제
ㅊ	차	처	초	추	츠	치	체

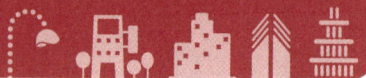

	ㅏ	ㅓ	ㅗ	ㅜ	ㅡ	ㅣ	ㅔ
ㅋ	카	커	코	쿠	크	키	케
ㅌ	타	터	토	투	트	티	테
ㅍ	파	퍼	포	푸	프	피	페
ㅎ	하	허	호	후	흐	히	헤

쉬어가기

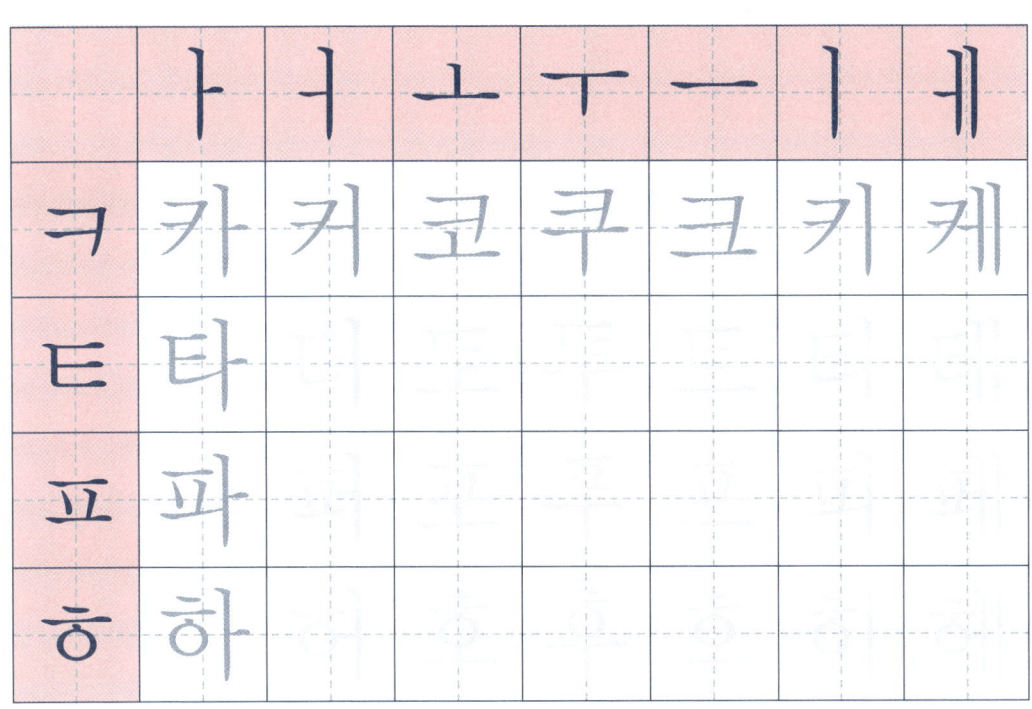

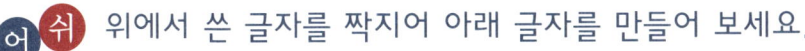

위에서 쓴 글자를 짝지어 아래 글자를 만들어 보세요.

가	자	거	미	바	지	나	라
가	자	거	미	바	지	나	라
차	고	타	조	파	도	하	나
차	고	타	조	파	도	하	나

4 글자의 모양을 바르게 써 봅시다

가 (○)   가 (×)

가 나 다 라 마 바 사 아
가 나 다 라 마 바 사 아

자 차 카 타 파 하
자 차 카 타 파 하

ㄱ – 기역
ㄴ – 니은
ㄷ – 디귿
ㄹ – 리을
ㅁ – 미음
ㅂ – 비읍
ㅅ – 시옷

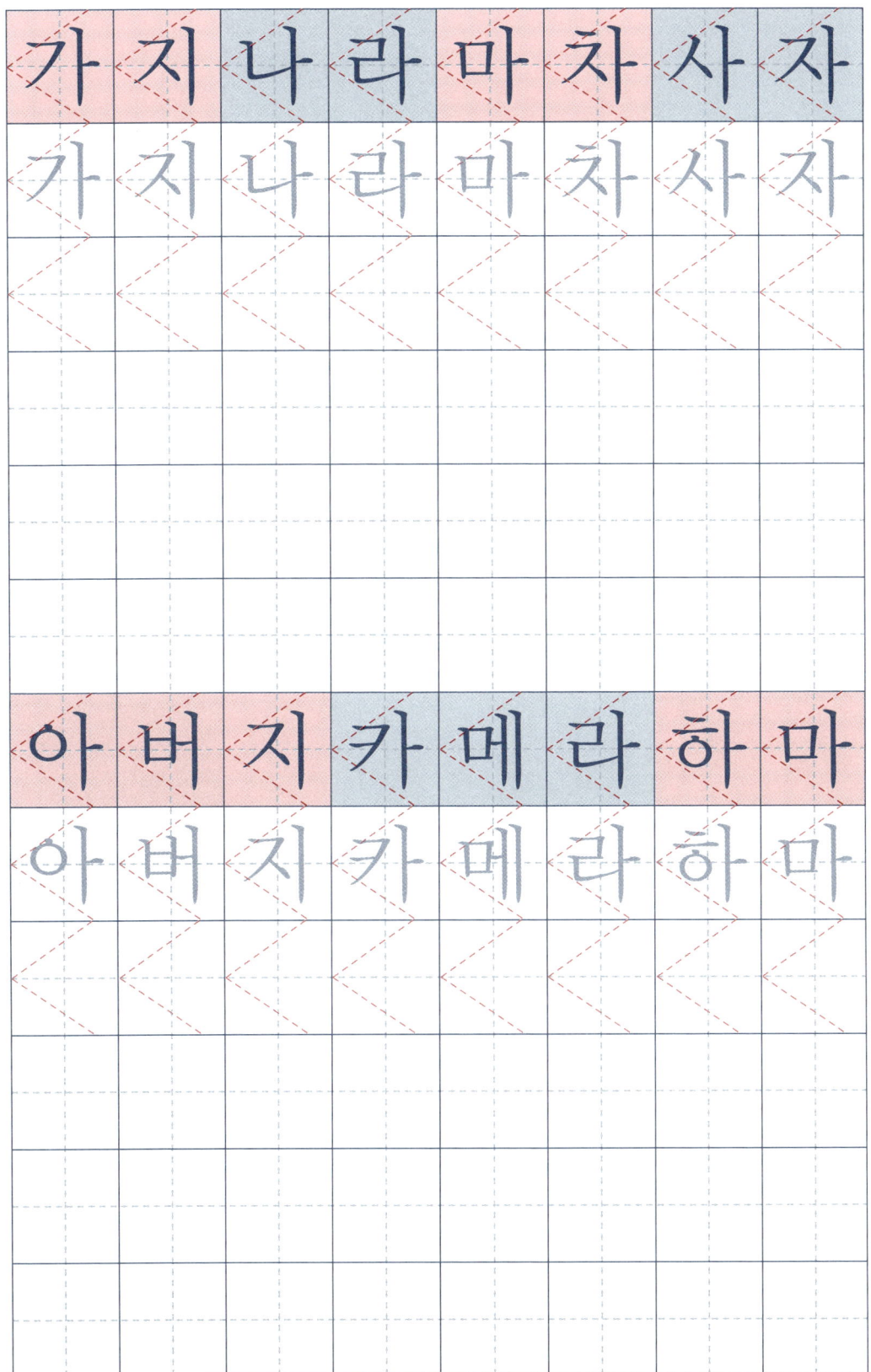

거 너 더 러 머 버 서 어
거 너 더 러 머 버 서 어

저 처 커 터 퍼 허
저 처 커 터 퍼 허

ㅇ – 이응
ㅈ – 지읒
ㅊ – 치읓
ㅋ – 키읔
ㅌ – 티읕
ㅍ – 피읖
ㅎ – 히읗

기 니 디 리 미 비 시 이
기 니 디 리 미 비 시 이

지 치 키 티 피 히
지 치 키 티 피 히

틀리기 쉬운 우리말

게시판 (O)
계시판 (×)

고마워요 (O)
고마와요 (×)

국기게양대 (O)
국기계양대 (×)

금세 (O)
금새 (×)

끼어들기 (O)
끼여들기 (×)

늠름한 (O)
늠늠한 (×)

5. 받침 없는 글자를 올바르게 써 봅시다

가로세로우리나라
가로세로우리나라

가마보라어미사자
가마보라어미사자

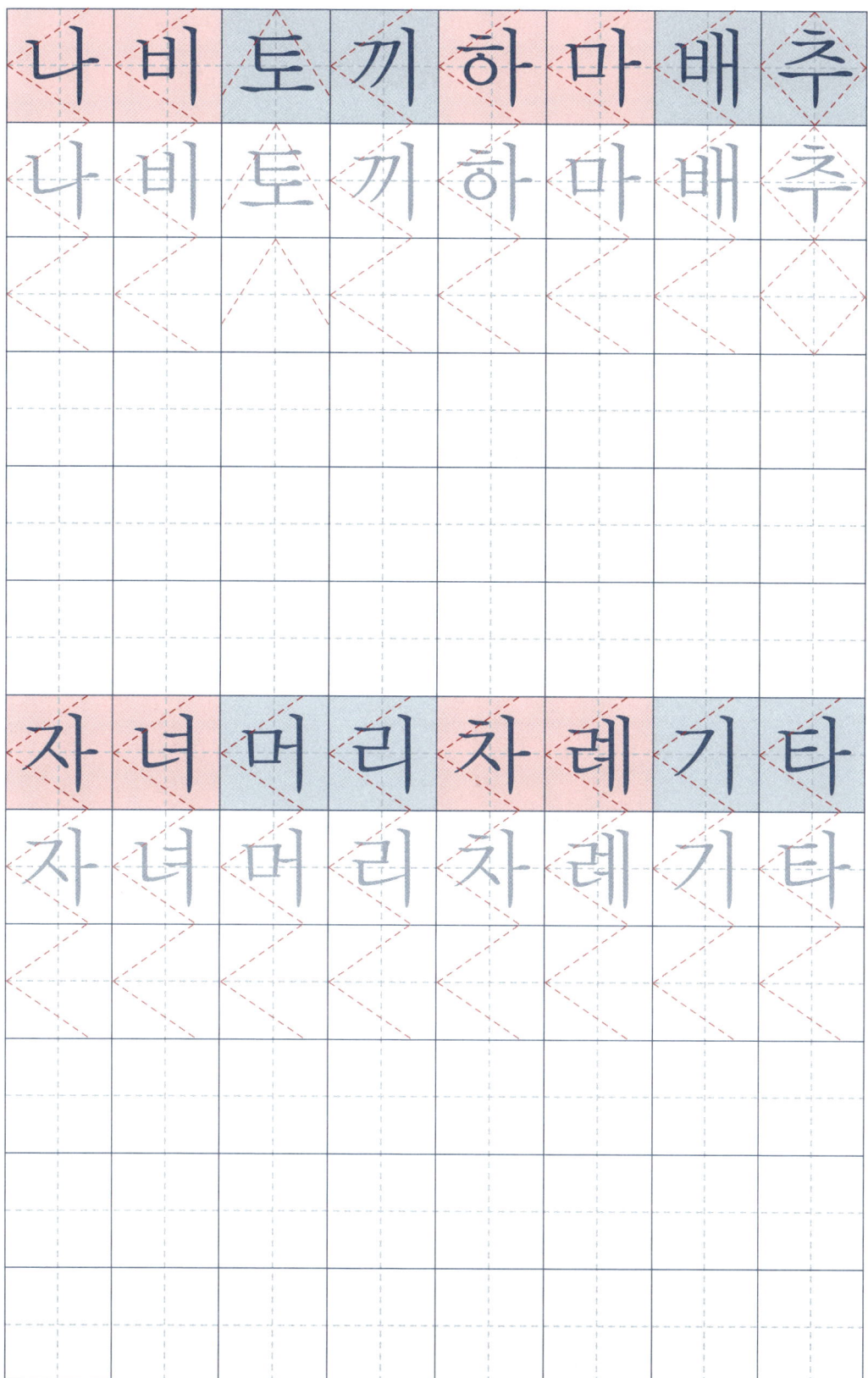

6 글씨를 올바르게 써 봅시다

사랑할 줄 아
사랑할 줄 아
는 사람은 행복
는 사람은 행복
한 사람입니다.
한 사람입니다.

하루를 좋은

날로 만들면 주

인공이 됩니다.

7. 글자의 모양을 바르게 써 봅시다

고 (○)   고 (×)

고	노	도	로	모	보	소	오
고	노	도	로	모	보	소	오

조	초	코	토	포	호
조	초	코	토	포	호

틀리기 쉬운 우리말

딱따구리 (○)
딱다구리 (×)

멋쟁이 (○)
멋장이 (×)

며칠 (○)
몇일 (×)

복사뼈 (○)
복숭아뼈 (×)

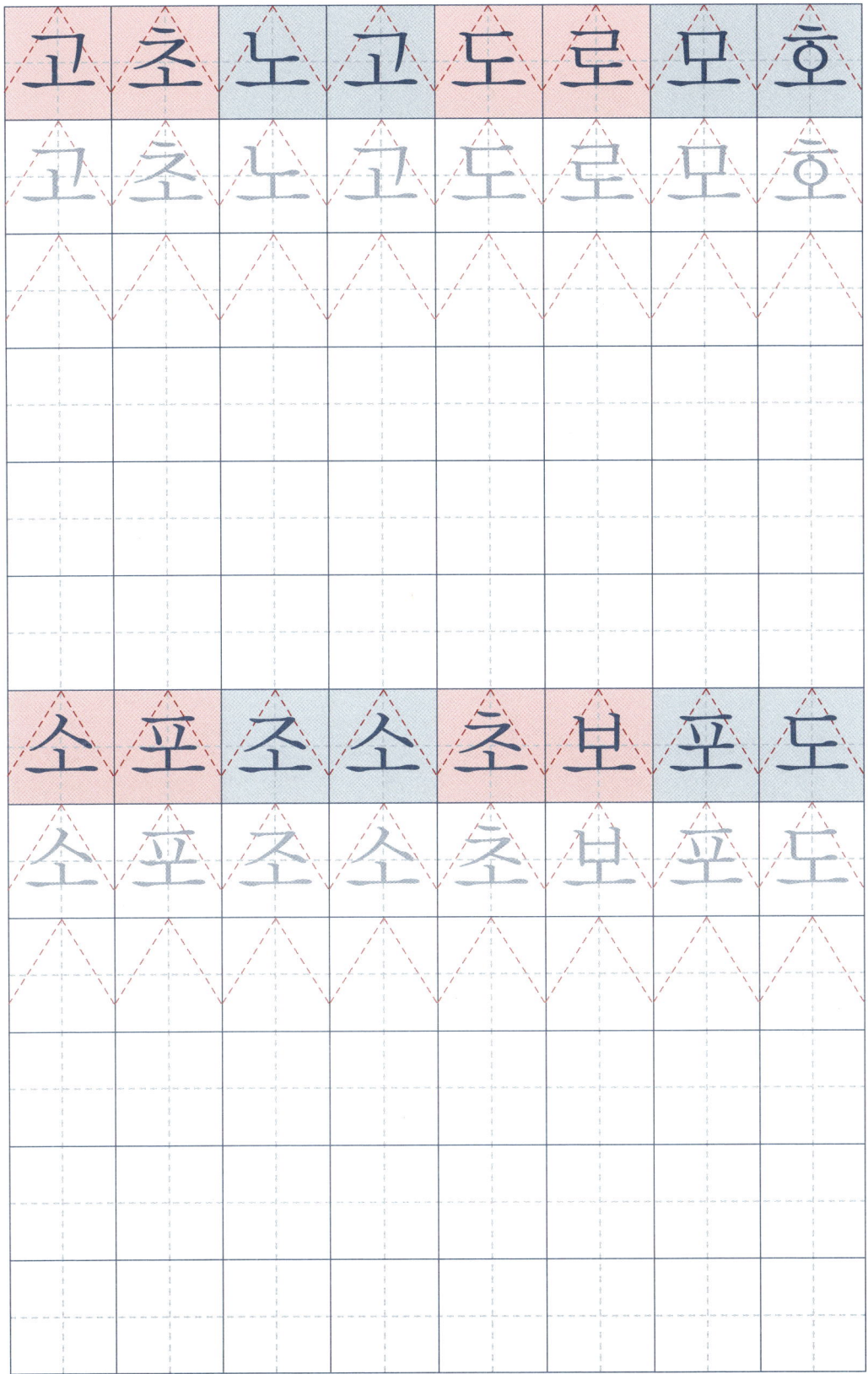

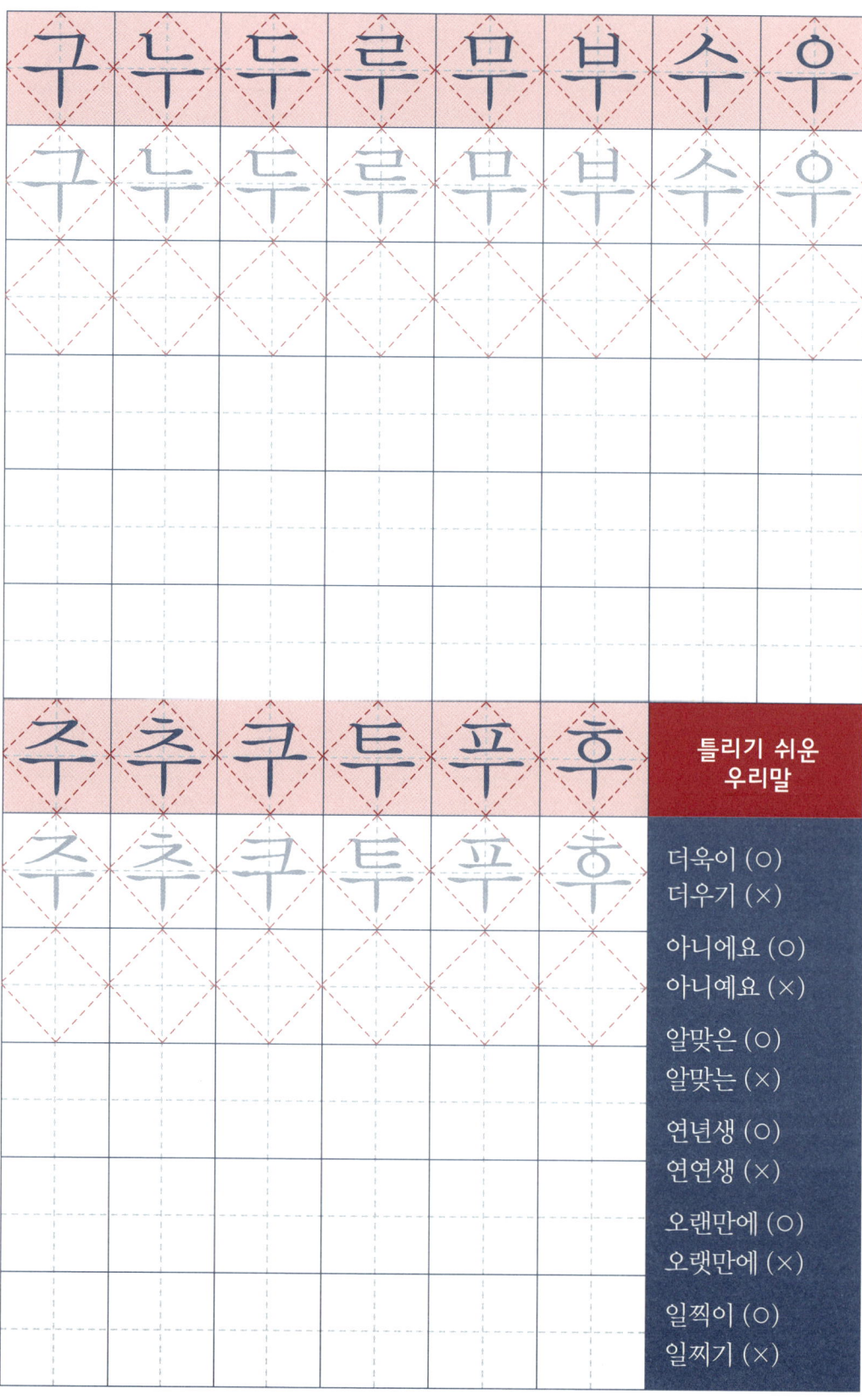

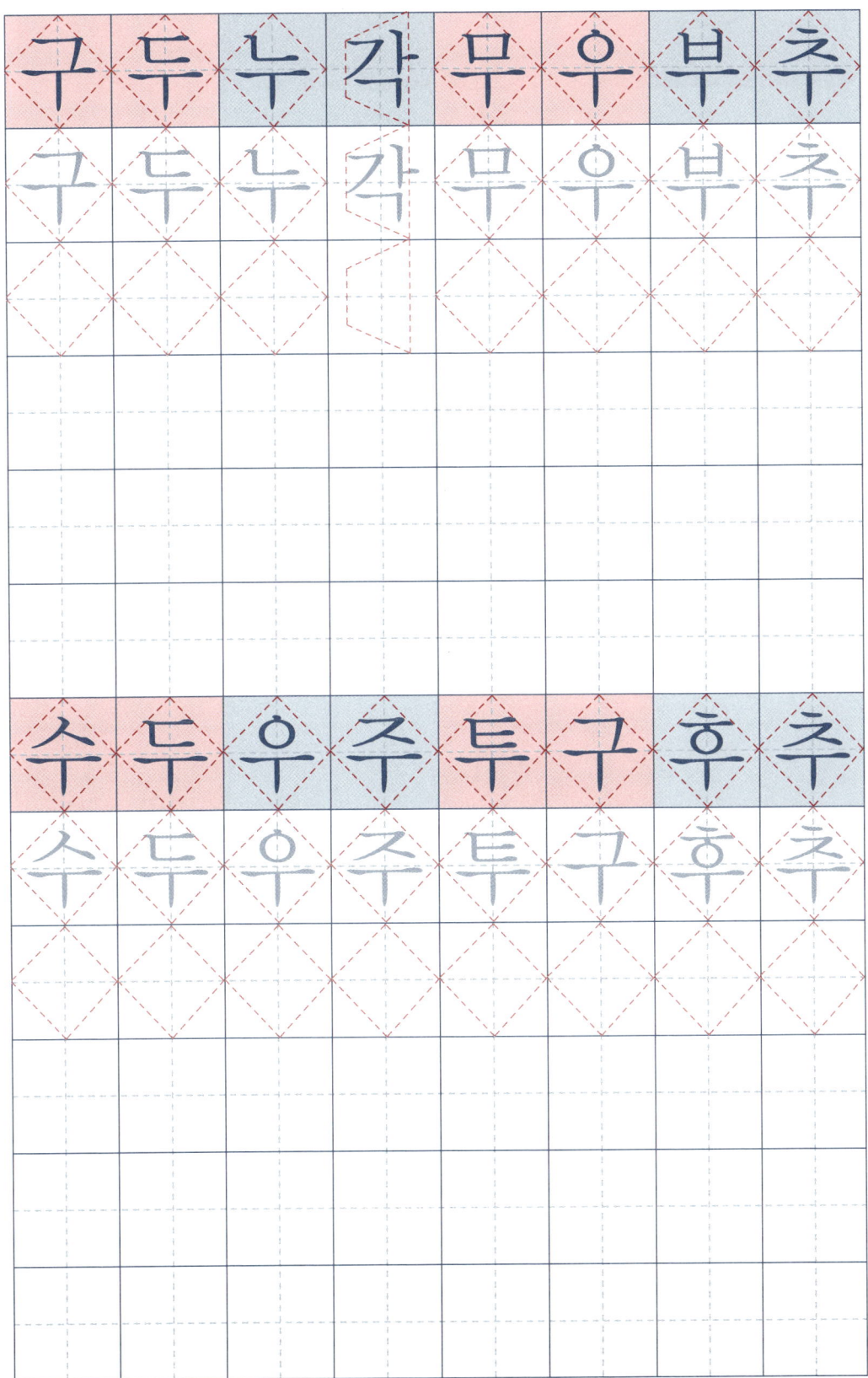

8 글씨를 올바르게 써 봅시다

봄이 오기 직
봄이 오기 직

전이 가장 추운
전이 가장 추운

법이다. 조금만
법이다. 조금만

더 인내하자.
더 인내하자.

사랑에는 기쁨
사랑에는 기쁨

도 슬픔도 있다
도 슬픔도 있다

는 것을 알아라.
는 것을 알아라.

9 글자의 모양을 바르게 써 봅시다

(○)

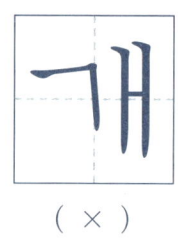
(×)

개	내	대	래	매	배	새	애
개	내	대	래	매	배	새	애

재	채	캐	태	패	해	**틀리기 쉬운 우리말**	
재	채	캐	태	패	해	있음 (○) 있슴 (×)	
						존댓말 (○) 존대말 (×)	
						짭짤한 (○) 짭잘한 (×)	
						핑계 (○) 핑게 (×)	
						한 살배기 (○) 한 살박이 (×)	

세계 예매 폐지 예기
세계 예매 폐지 예기

재주 채소 태산 패물
재주 채소 태산 패물

10 글씨를 올바르게 써 봅시다

폐지를 모아서
폐지를 모아서

판 돈으로 무엇
판 돈으로 무엇

을 할까?
을 할까?

맛있는 음식과

맛있는 음식과

신기한 구경거리

신기한 구경거리

가 많아요.

가 많아요.

11. 자음자와 모음자를 합하여 받침 글자를 써 봅시다

	ㄱ	ㄴ	ㄹ	ㅁ	ㅂ	ㅇ
가	각	간	갈	감	갑	강
나	낙					
더	덕					
러	럭					
모	목					
보	복					
수	숙					
우	욱					
지	직					
치	칙					

	ㄱ	ㄴ	ㄹ	ㅁ	ㅂ	ㅇ
코	콕	콘	콜	콤	콥	콩
토	톡					
파	팍					
하	학					
까	깍					
따	딱					
뽀	뽁					
쑤	쑥					
짜	짝					
유	육					
여	역					

12 글자의 모양을 바르게 써 봅시다

감	감
(○)	(×)

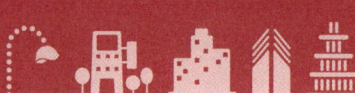

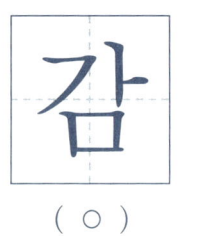

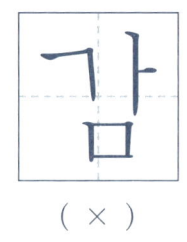

감	정	건	강	공	주	국	민
감	정	건	강	공	주	국	민
균	등	각	본	금	형	관	객
균	등	각	본	금	형	관	객

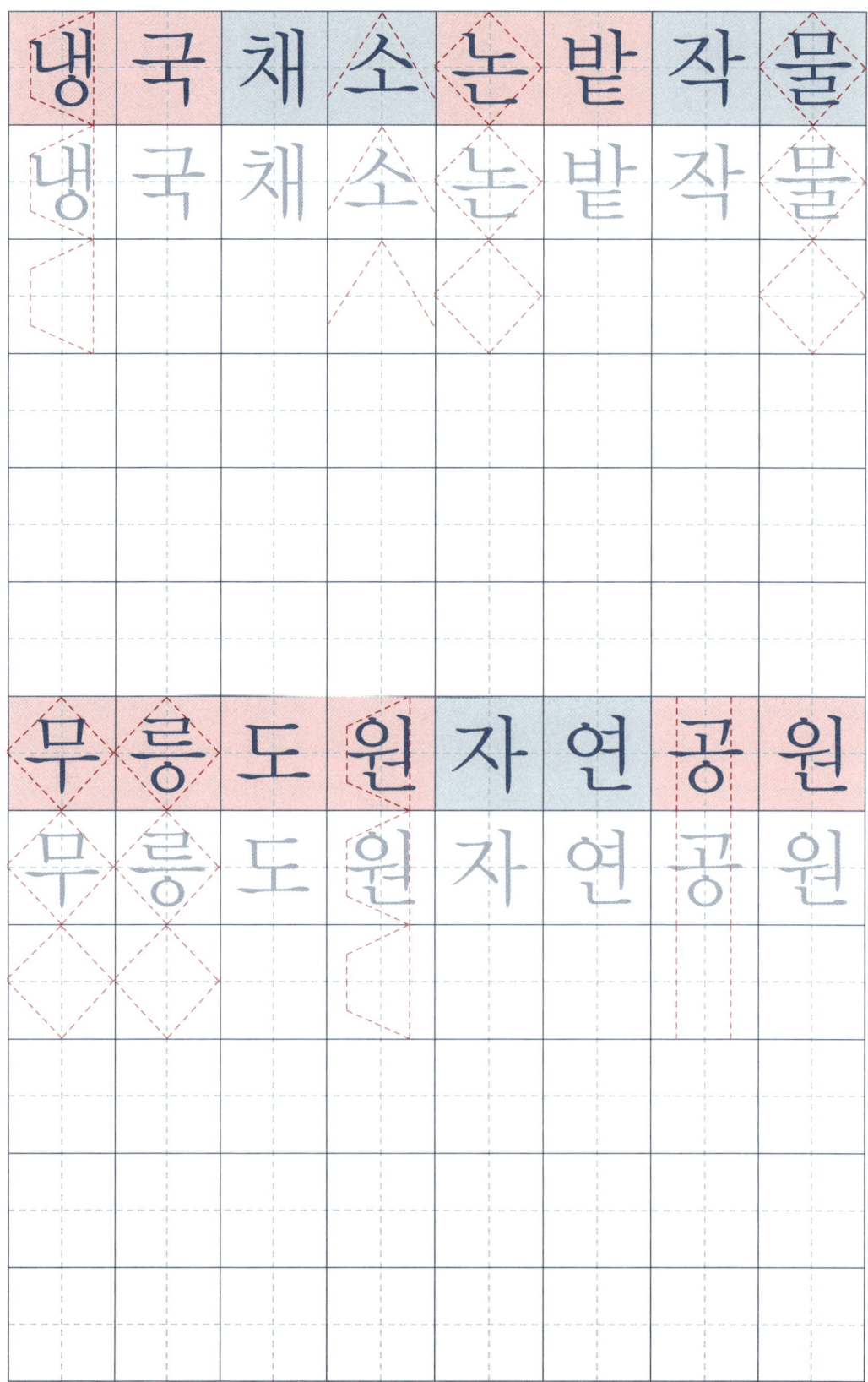

얼굴 눈 썹 이마 입술
얼굴 눈 썹 이마 입술

가을 겨울 높은 하늘
가을 겨울 높은 하늘

덧셈뺄셈 수학공부
덧셈뺄셈 수학공부

공자말씀 명승고적
공자말씀 명승고적

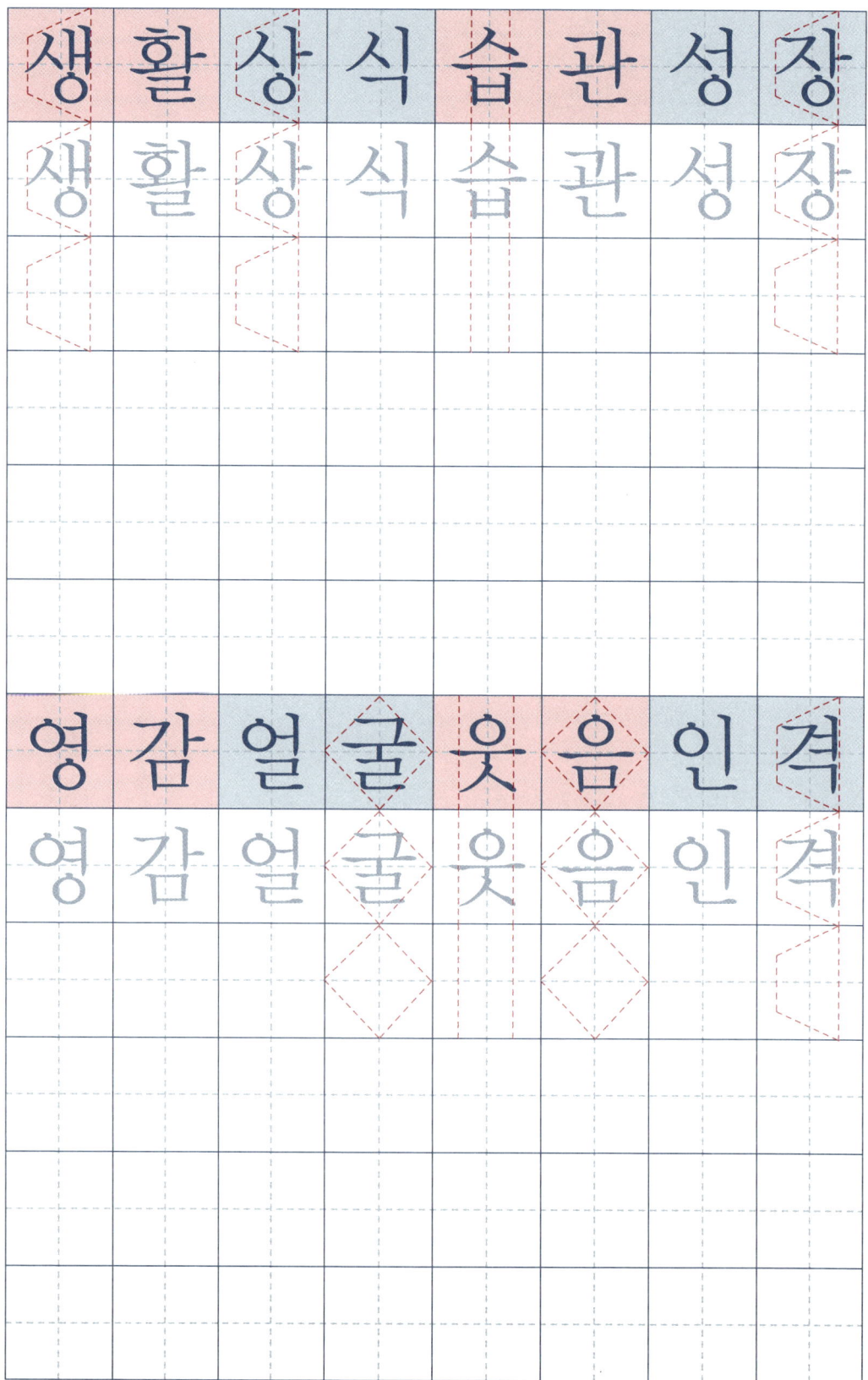

옛날은 인은혜 보답

옛날은 인은혜 보답

장군 작품 쟁반 점심

장군 작품 쟁반 점심

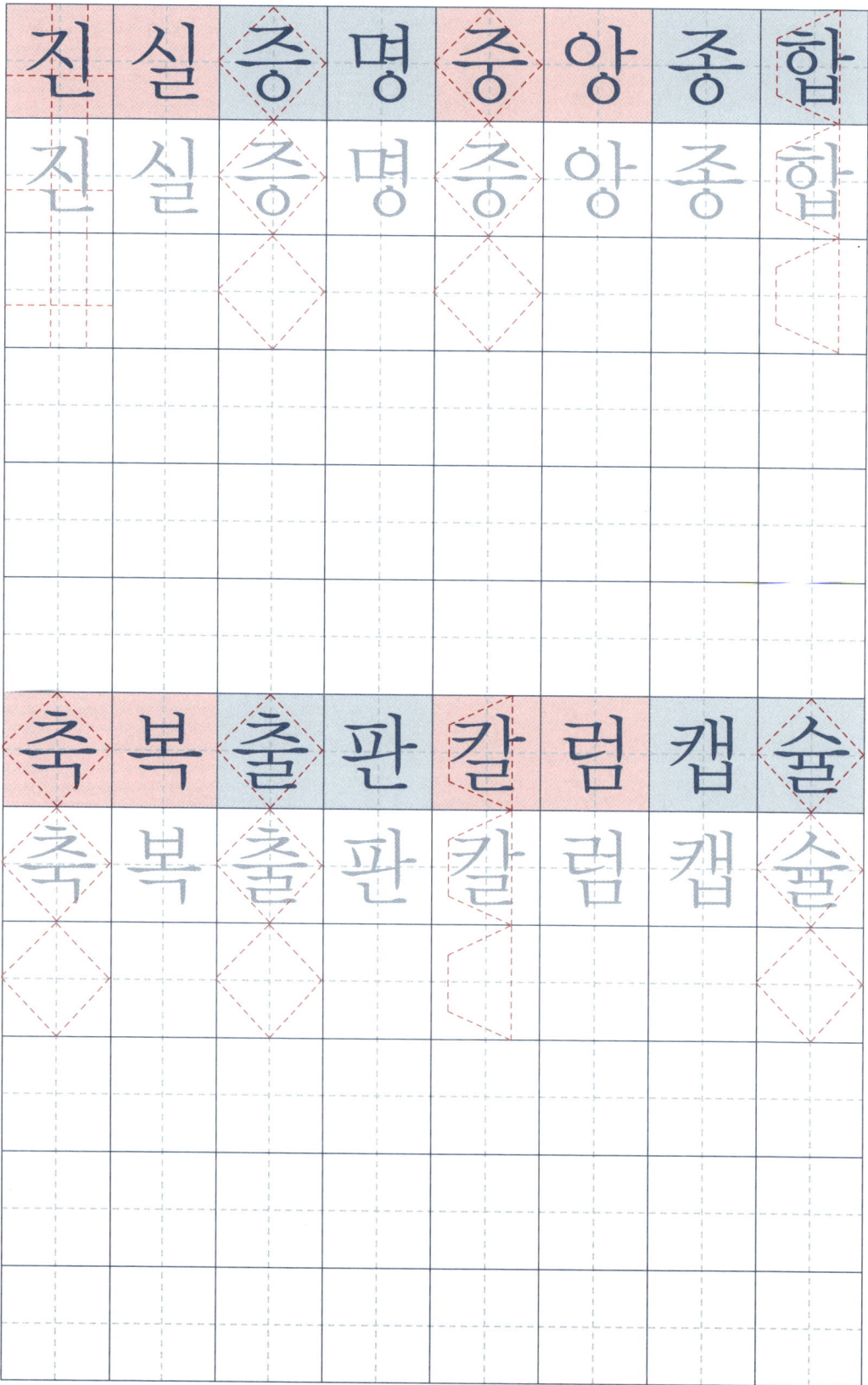

탐험 택일 툴립 특징

탐험 택일 툴립 특징

평균 펜팔 풍선 폭발

평균 펜팔 풍선 폭발

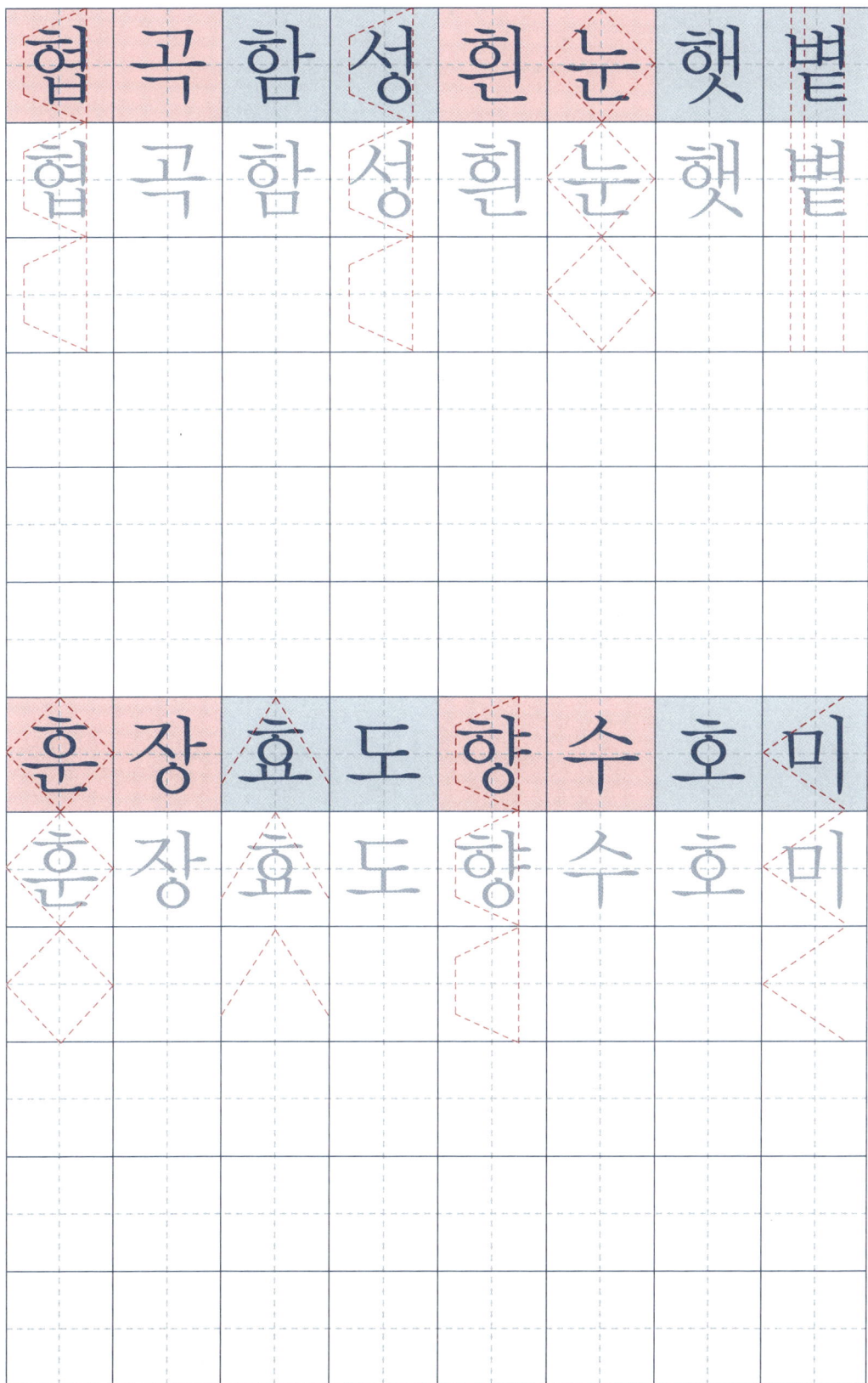

13 받침 있는 글자를 올바르게 써 봅시다

| 은 | 방 | 울 | 꽃 | 연 | 못 | 창 | 문 |

| 강 | 낭 | 콩 | 눈 | 망 | 울 | 동 | 생 |

밤	꽃	벌	통	숲	길	풀	밭
밤	꽃	벌	통	숲	길	풀	밭

웃	음	활	짝	흰	눈	들	판
웃	음	활	짝	흰	눈	들	판

14 문장 부호를 바르게 써 봅시다

문장 부호는 문자 언어에서 말의 단위, 문의 종류, 문자로 나타낼 수 없는 의미 등을 나타내는 부호를 말한다.

문장이 끝날 때 쓰는 부호에는 온점(.), 물음표(?), 느낌표(!)가 있다.

온점(.)은 문장이 끝날 때 사용한다.

물음표(?)는 의문이나 물음을 나타낸다.

느낌표(!)는 감탄, 놀람, 부르짖음, 명령 등 강한 느낌을 나타낸다.

쉼표(,)는 문장 안에서 짧은 쉼, 의미 분화(意味分化), 내포되는 종류 등을 나타낼 때 쓴다.

큰따옴표(" ")는 대화, 인용, 특별 어구 따위를 나타낸다.

작은따옴표(' ')는 따온 말 가운데 다시 따온 말이 들어갈 때나 마음속으로 한 말을 적을 때에 쓴다.

* 글자가 원고지의 오른쪽 끝 칸을 차지하여 문장 부호를 찍을 칸이 없을 때는 끝 칸에 글자와 함께 넣거나 오른쪽 여백에 처리한다.

15. 문장이 끝나는 곳에 알맞은 부호를 넣고 써 봅시다

"아! '인생은 짧고, 예술은

길다.'고 했었던

가?"

"영희야, 언제

왔니?"

"오늘따라 달

이 밝구나!"

16 문장 부호의 위치와 크기를 바르게 써 봅시다

"안녕?"

"응, 영희 왔

어! 어서 와."

"저는 책을
읽었어요."

"그래? 많이
읽었구나!"

17 원고지 쓰는 법을 익혀봅시다

❶ 첫째 줄은 비웁니다.

❷ 둘째 줄 가운데에 제목을 씁니다.

❸ 셋째 줄은 비웁니다.

❹ 넷째 줄은 소속을 오른쪽으로 쓰는데, 끝에서 2칸을 비우고 소속을 씁니다.

교내 글짓기일 때는 0학년 0반, 교외 글짓기일 때는 00학교 0학년

❺ 다섯째 줄 끝에서 2칸을 비우고 이름을 씁니다.

성과 이름을 띄우지 않습니다.

단, 한 글자 이름이나 성이 두 자일 경우 성과 이름을 띄웁니다.

예) 이순신, 허 쥰, 남궁 유정

❻ 여섯째 줄은 비웁니다.

❼ 일곱째 줄에 첫째 칸을 비우고 본문을 시작합니다.

❽ **띄어쓰기**

띄어쓰기를 할 때에는 한 칸을 비우고 계속 써나갑니다.

띄어쓰기 칸이 왼쪽 칸 맨 처음이 될 때는 띄지 않고 그냥 쓰며 바로 윗줄의 오른쪽 끝에 띔표(∨)를 합니다.

1) 반점(,)이나 온점(.)을 찍을 때는 바로 그 다음 칸부터 씁니다.

2) 물음표(?)나 느낌표(!) 다음에는 한 칸 비우고 씁니다.

3) 문장의 끝이 원고지 맨 마지막 칸에 올 때는 문장의 끝 글자와 온점을 같은 칸에 쓰거나 오른쪽 여백에 씁니다.

❾ 줄글은 이름 쓴 줄 뒤에 한 줄 비우고 여섯째 줄부터 쓰는데 처음 한 칸을 비우고 씁니다. 그리고 문단이 바뀌면 처음 한 칸을 비우고 씁니다.

❿ 인용문이나 대화문은 큰따옴표와 작은따옴표를 쓰는 문장으로 전체를 한 칸 들여 써야 합니다. 아무리 짧은 문장이라도 이어 쓰지 않고 꼭 줄을 바꾸어 씁니다.

하지만 대화글이 계속 이어지면 끝날 때까지 앞의 한 칸을 비우고 쓰고, 대화글이 바탕글과 이어지는 경우에는 첫 칸을 비우지 않고 씁니다.

⑪ **숫자 쓰기**

한 자로 된 숫자는 한 칸에 한 자씩 쓰고, 두 자 이상의 숫자는 한 칸에 두 자씩 씁니다.

⑫ **동시, 시조 쓰기**

동시나 시조를 쓸 때는 앞의 두 칸을 모두 들여 씁니다. 그리고 2연이나 3연의 동시를 쓴다면 연이 바뀔 때마다 한 줄 비우고 그 다음 줄에 씁니다.

독도를 수호하자

○○○학교 3학년 1반 홍길동

독도는 외로운 섬이 아니다. 세종실록지리지에 영토이다. 일본이 있듯이 우리도 독도는 대한민국의 영토였다. 우리의 역사적으로 명시되어 독도는 서기 512년(신라 지증왕 13년)에 우산국의 옛 땅이었을 때부터 한국의 고유 영토가 되었고, 서기 1737년, 프랑스의 지리학자 당빌이 그린 〈조선왕국전도〉에도 독도(우산도)가 조선왕국 영토로 표기되어 있다. 1667년의 일본 관찬 고문헌 〈은주시청합기〉에도 '일본의 북쪽 경계는 오키 섬으로 한다.'고 명시되어 있어 독도가 일본 땅이 아님을 증명하고 있다.

18 다양한 디자인체로 예쁜 글씨를 써 봅시다

서체명 : 윤명조

| 남의 | 마음까지 | 헤아려 |
| 남의 | 마음까지 | 헤아려 |

| 주는 | 사람은 | 이미 | 행복 |
| 주는 | 사람은 | 이미 | 행복 |

| 하고, 상대가 | 자신을 | 이 |
| 하고, 상대가 | 자신을 | 이 |

해해 주지 않는 것만
생각하는 사람은 이미
불행하다.

서체명: 피노키오

미운 사람이 많을수록
미운 사람이 많을수록

행복은 반비례하고 좋아
행복은 반비례하고 좋아

하는 사람이 많을수록
하는 사람이 많을수록

행복은 정비례한다.

너는 너, 나는 나라고

하는 사람은 불행의 독

서체명 : 윤고딕

불장군이지만, 우리라고
불장군이지만, 우리라고

생각하는 사람은 행복연
생각하는 사람은 행복연

합군이다.
합군이다.

용서할 줄 아는 사람
은 행복하지만 미움을
버리지 못하는 사람은

서체명::해살

불행하다.
불행하다.

작은 것에 감사하는
작은 것에 감사하는

사람은 행복한 사람이고 ∨
사람은 행복한 사람이고

남과 비교하는 사람은
남과 비교하는 사람은

불행한 사람이다.
불행한 사람이다.

사랑은 언제나 오래
사랑은 언제나 오래

서체명:: 갯마을

참고, 사랑은 언제나 온
참고, 사랑은 언제나 온

유하며, 사랑은 시기하지 ∨
유하며, 사랑은 시기하지

않으며, 자랑도 교만도
않으며, 자랑도 교만도

아니하며, 무례히 행치
아니하며, 무례히 행치

않고, 자기의 유익을 구
않고, 자기의 유익을 구

치 않고, 사랑은 성내지
치 않고, 사랑은 성내지

서체명: 바겐세일

아니하며, 진리와 함께
아니하며, 진리와 함께

기뻐하네. 사랑은 모든
기뻐하네. 사랑은 모든

것 감싸주고, 바라고 믿
것 감싸주고, 바라고 믿

고 참아내며, 사랑은 영
원토록 변함없네.

믿음과 소망과 사랑은

서체명 : 소녀

이		세	상		끝	까	지		영	원	하
이		세	상		끝	까	지		영	원	하

며	,	믿	음	과		소	망	과		사	랑
며	,	믿	음	과		소	망	과		사	랑

중	에		그	중	에		제	일	은		사
중	에		그	중	에		제	일	은		사

랑이라.
랑이라.

작은 집에 살아도 잠
작은 집에 살아도 잠

잘 수 있어 좋다고 생
잘 수 있어 좋다고 생

서체명::풍경

각하는 사람은 행복한

사람이고, 작아서 아무것

도 할 수 없다고 생각

하는 사람은 불행한 사
람이다.

고난 속에서도 희망을

가진 사람은 행복의 주

인공이 되고, 고난에 굴

복하고 희망을 품지 못

하는 사람은 비극의 주
하는 사람은 비극의 주

인공이 된다.
인공이 된다.

하루를 좋은 날로 만
하루를 좋은 날로 만

서체명 : 윤명조

들으려는 사람은 행복의 주인공이 되고, '나중에'라고 미루며 시간을 놓치는 사람은 불행의 하수인이 된다.

사랑에는 기쁨도 슬픔도 있다는 것을 아는 사람은 행복하고, 슬픔의 순간만을 기억하는 사람은 불행하다.

웃는 얼굴에는 축복이 따르고, 화내는 얼굴에는 불운이 괴물처럼 따른다.

미래를 위해 저축할 줄 아

는 사람은 행복의 주주가 되
고, 당장 쓰기에 바쁜 사람은 ∨
불행의 주주가 된다.
불행 다음에 행복이 온다는 ∨

것을 아는 사람은 행복표를
것을 아는 사람은 행복표를

예약한 사람이고, 불행은 끝이 ∨
예약한 사람이고, 불행은 끝이

없다고 생각하는 사람은 불행
없다고 생각하는 사람은 불행

의 번호표를 들고 있는 사람
의 번호표를 들고 있는 사람

이다. 좋은 생각을 하자.
이다. 좋은 생각을 하자.

시련을 견디는 사람은 행복
시련을 견디는 사람은 행복

합격자가 되지만, 포기하는 사
합격자가 되지만, 포기하는 사

람은 불행한 낙제생이 된다.
람은 불행한 낙제생이 된다.

남의 잘됨을 기뻐하는 사람
은 자신도 잘되는 기쁨을 맛
보지만, 두고두고 배 아파하는
사람은 고통의 맛만 볼 수

있다. 진심으로 기뻐하라.

　좋은 취미를 가지면 삶이
즐겁지만, 나쁜 취미를 가지면 ∨
늘 불행의 불씨를 안고 살게 ∨

된다. 좋은 취미를 갖자.

남에게 손해를 입히고 나를

이롭게 하면, 성공하는 자손이

없으며, 여러 사람을 해치고

집안을 이루면 부귀가 짧다.

용서는 단지 자기에게 상처를 준 사람을 받아들이는 것만이 아니라 미움과 원망의

마음에서 그를 놓아주는 일이 다. 진정한 행복이란? 두려워할 일이 없는데 두려워하는 것은 어리석은 일이다.

두려워할 이유가 있는데 두
려워하지 않는 것은 더욱 어
리석은 일이다.

부모 된 사람의 가장 어리

석음은 자식을 자랑거리로 만

들고자 함이고, 가장 큰 지혜

로움은 자신의 삶이 자식들의

자랑거리가 되게 하는 것이다.

쉬운 일은 어려운 일처럼

어려운 일은 쉬운 일처럼 해

야 한다. 절제하고 성실하라.

자부심이 나태해지는 것을

막아준다. 자존감을 높이자.

일을 마무리하지 않고 팽개

쳐두는 것을 막기 위해 때

로는 그 일을 끝마친 것처럼 ∨

바라볼 필요가 있다.

세상에는 노력하고 애쓰면

불가능한 일도 가능해지고 감

당하기 어려운 일은 두려움을

떨쳐버려야 한다.

남이 말하는 중간에 말을

낚아채는 것은 좋은 행동이

아니다. 존중하고 사랑하라.

악수를 하면서 딴 곳을 보는 것은 좋은 습관이 아니다.

좋은 습관을 들이자.

항상 남들이 나보다 조금은 ∨

더 훌륭하다고 생각하면 실수
가 없다. 겸손으로 일관하라.
오늘 걷지 않으면 내일은
뛰어야 한다. 부지런하라.

어떤 이는 가난과 싸우며
어떤 이는 재물과 싸운다.
사람들은 넘어지지 않고 달
리는 사람보다 넘어졌다 일어

나 다시 달리는 사람에게 더
나 다시 달리는 사람에게 더

많은 박수를 보낸다.
많은 박수를 보낸다.

인생에 큰 슬픔이 닥칠 때
인생에 큰 슬픔이 닥칠 때

에는 용기를, 작은 슬픔에는
에는 용기를, 작은 슬픔에는

인내심을 가져라. 그리고 땀 흘려 일과를 마친 후 편안히 잠자리에 들어라. 신께서 지켜 주신다. 평안하고 행복하라.

봄 오기 직전이 가장 춥고 해 뜨기 직전이 가장 어둡다.

아무리 곤경에 처해도 당황하지 마라.

사방이 다 막혀도 위쪽은 언제나 뚫려 있고

하늘을 바라보면 희망이 생긴다.

행운은 목숨이 붙어 있는 동안에만 의미가 있지만

명성은 죽은 뒤에도 영원히 지속된다.

운은 사람들의 질투를 부르지만

명성은 영원히 잊히지 않는다.

행운은 노력 없이 얻을 수도 있지만

명성은 근면과 노력의 산물이다.

시간은 인생의 동전이다. 시간은 네가 가진 유일한 동전이고,

그 동전을 어디에 쓸지는 너만이 결정할 수 있다.

타인이 네 동전을 써버리지 않도록 늘 주의하라.

복은 검소함에서 생기고, 덕은 겸양함에서 생기며,

지혜는 고요히 생각하는 데서 생긴다.

참기 어려움을 참는 것이 진실한 참음이요,

누구나 참을 수 있는 것은 일상의 참음이다.

강한 자 앞에서 참는 것은 두렵기 때문이고,

자기와 같은 사람 앞에서 참는 것은 싸우기 싫어서며,

자기보다 못한 사람 앞에서 참는 것이 진정한 참음이다.

얼굴에 웃음꽃을 피워라. 웃음꽃에는 천만 불의 가치가 있다.

남이 잘되도록 도와줘라. 남이 잘되어야 내가 잘된다.

자신을 사랑하라.

행운의 여신은 자신을 사랑하는 사람을 사랑한다.

힘들다고 고민하지 마라.

정상이 가까울수록 힘들기 마련이다.

약속은 꼭 지켜라. 사람이 못 믿는 사람은 하늘도 못 믿는다.

불평하지 마라. 불평은 자기를 파괴하는 폭탄이다.

푸른 꿈을 잃지 마라. 푸른 꿈은 행운의 청사진이다.

가슴에 기쁨을 가득 담아라. 담은 것만이 내 것이 된다.

좋은 아침이 좋은 하루를 만든다. 하루를 멋지게 시작하라.

이 세상에서 제일 행복한 사람은

단 한 사람에게라도 사랑을 받는 사람이다.

이 세상에서 가장 아름다운 사람은

마음씨가 따뜻한 사람이다.

이 세상에서 가장 부유한 사람은 가슴이 넉넉한 사람이다.

이 세상에서 가장 착한 사람은 먼저 남을 생각하는 사람이다.

이 세상에서 가장 용기 있는 사람은 용서할 줄 아는 사람이다.

이 세상에서 가장 지혜로운 사람은 사랑을 깨달은 사람이다.

이 세상에서 가장 훌륭한 사람은 이 모든 것을 행하는 사람이다.

이 세상에서 가장 행복한 삶은

모든 것을 긍정적으로 살아가는 사람이다.

추위에 떨어본 사람일수록 태양의 따뜻함을 알고,

인생의 괴로움을 겪어온 사람일수록

생명의 존귀함을 안다.

잘못이 부끄러운 것이 아니라

잘못을 고치지 못하는 것이 부끄러운 것이다.

청춘은 인생의 어느 기간을 말하는 것이 아니라

마음의 상태를 말한다.

아름다운 희망, 희열, 용기, 힘에서 나오는

영감을 갖고 있는 한 그대는 젊을 것이다.